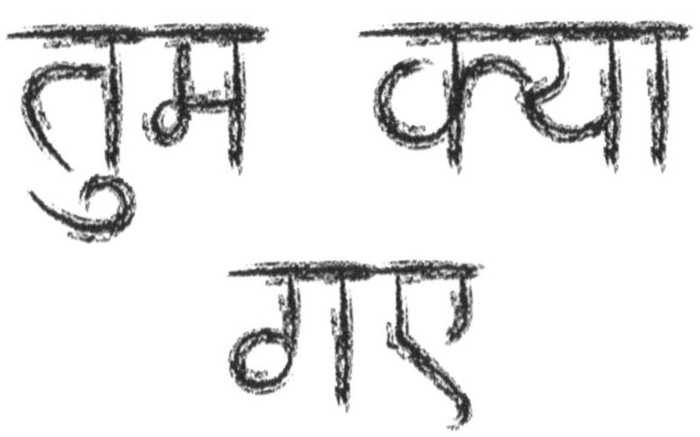

तुम क्या गाए

पवन भदौरिया

INDIA • SINGAPORE • MALAYSIA

समर्पित

मेरी माँ शांति देवी,
नंदिता, स्वरित, देवाज़,
और सभी अपनो के लिए।

अनुक्रमणिका

दो शब्द

शब्द तो बचपन से साथी रहें हैं| कभी सतह पर तो कभी हृदय की गहराइयों में छिपे हुए| उन्हीं अल्फ़ाज़ों की कलमबद्ध श्रृंखला ये किताब है, जो आपके हाथों में है| सालों की संवेदनाओं, भावनाओं और वेदनाओं का अक्स प्रस्तुत करने को उत्सुक है ये शब्द| जीवन सतत् गतिमान है, रास्ते बदलते हैं, लोग बदलते, विचार बदलते हैं, बस नहीं बदलता तो वो है अतीत और अतीत की परछाइयाँ| भावनाएँ जब उसी अतीत की गहराइयों में जाकर लौटतीं हैं, तो अपने साथ जो लातीं हैं, वही है जो आँखों की कोरों को नम करता है| भावनाओं का वही सफ़र, अतीत की वही विस्तृत यात्रा है इस किताब में|

कभी कविताओं के रूप में, कभी ग़ज़लों के माध्यम से और कभी निराले दोहों के जरिए, इस तमोमय जीवन में, मेरे विचारों को ज्योतिर्मय रखा है मेरे शब्द रूपी मित्रों ने| आज भी इन शब्दों की श्रुतियाँ, झंकृत हो जातीं है मेरे कानों में, उन्हीं गहरी भावनाओं के साथ| और याद आते हैं कुछ लोग, जिनका प्रेम और योगदान जीवन में आज भी विद्यमान है|

आँसू बन के छुप जाता हूँ आँखों में, मन से तेरे मेरा यूँ संबंध बने|

सत्य तेरा और स्वप्न मेरे जो मिल जाए तो, दर्दीले गीतों का कोई छंद बने|

अब ये शब्द, ये अल्फ़ाज़, मैं आपके हवाले कर रहा हूँ| अपेक्षा है की ये आपको भी अपने उन्हीं पलों का दीदार करवाएंगे, जो अक्सर अतीत के अंधकार में भी ओझल नहीं होते| किसी भी प्रकार की त्रुटि के लिए क्षमा प्रार्थी हूँ|

पवन भदौरिया

Gmail: pawan.bhadauria@gmail.com
Instagram: pbhadauria1

कविताएँ

तुम क्या गए

तुम क्या गए कि होंठ की मुस्कान ही जाती रही।
भावना को थाम तेरी याद समझाती रही।
हृदय अपनी वेदना अब क्या कहे।
तुम क्या गए।

तुम क्या गए वीरान सा है दर मेरा।
बेचैन सा है इन दिनों अब घर मेरा।
दिल काटती तनहाइयाँ कैसे सहे।
तुम क्या गए।

तुम क्या गए अब जीवन एक संग्राम है।
तेरे बिना जीना तो मुश्किल काम है।
बिस्तर का कोना ताकता मुझको रहे।
तुम क्या गए।

दर्द मेरा तुम सुनने आना

जग क्या जाने रुदन* चित्त का, जग क्या जाने अंतःवेदना,
समय मिले जो कभी तुम्हें तो, दर्द मेरा तुम सुनने आना।

कोई गैर नहीं अपने सब, हमने तो विश्वास किया।
बने सहारा, खुशियाँ बाटीं, पर सुख का एहसास किया।
लेकिन हमको घाव हुआ तो, दूत ना आया जग का कोई।
आँखें नम जो हुईं हमारी, अश्रु ढला ना दृग का कोई।
हाए! जग की रस्म निराली, छला गया जो तार-तार,
विश्वास मेरा तुम सिलने आना।
समय मिले जो कभी तुम्हें तो, दर्द मेरा तुम सुनने आना।

स्वप्न में मेरे थे प्रतिबिंबित*, खुशियाँ जग की, सुख अपनो
के।
छन से गिर कर टूट गए जो, टुकड़े टुकड़े सब सपनों के।
पर मुझको विश्वास अभी है, सहज ना होंगे दूर सभी।
कहीं दबा अपनापन होगा, शायद हों मजबूर सभी।
सुख में साथ सभी चलते हैं, पर काँटों पर, अंगारों पर,
साथ मेरे तुम चलने आना।
समय मिले जो कभी तुम्हें तो, दर्द मेरा तुम सुनने आना।

---

* रुदन = रोना
* प्रतिबिंबित = जिसका आभास मिलता हो

अतृप्त मन

आँखों की कोरों पर थमे हुए अश्रु,
सिर्फ इतना कहते है की,
बहुत मुश्किल है इस दौर में जीना।

मासूम चेहरों पर कर्तव्यों की झुर्रियां,
वेदनाओं से भरे दिन, स्वप्न विहीन रातें।
किस्मत की थाप पर नाचता बचपन,
कुछ कही, कुछ अनकही बातें।
अधरों पर कभी-कभी उभर आती मुस्कान के अवशेष,
सिर्फ इतना कहते है की,
बहुत मुश्किल है इस दौर में हँसना।
हाँ, बहुत मुश्किल है इस दौर में जीना।

संघर्ष के तम में खोया हुआ यौवन,
जर्जर होते स्वप्न, धुंधली होती आकांक्षाएँ।
क्षीण होती ऊर्जा के स्त्रोत, घुटती हुई अभिलाषाएँ।
हृदय की टीस को हृदय में दबाए हुए शब्द,
सिर्फ इतना कहते है की,
बहुत मुश्किल है इस दौर में ज़ख्मों को सीना।
हाँ, बहुत मुश्किल है इस दौर में जीना।

जीवन की काँपती हुई लौ, थका हुआ स्वर,
चीखता हुआ आत्मरूदन|
अपनेपन के दो बोलों को तरसता,
बोझिल एकाकी मन|
अपने कृतघ्न* बच्चों के बीच बहिष्कृत तन,
सिर्फ इतना कहते है की,
बहुत मुश्किल है इस दौर में विश्वास करना|
हाँ, बहुत मुश्किल है इस दौर में जीना|

आँखों की कोरों पर थमे हुए अश्रु,
सिर्फ इतना कहते है की,
बहुत मुश्किल है इस दौर में जीना|

---

* कृतघ्न = एहसान ना मनाने वाला

छोटे होने का एहसास

बहुत छोटे होने का एहसास कराता है ये समंदर।

खड़ा था आज मैं गीली समतल रेत पर अथाह समंदर किनारे,
तभी कुछ लहरों ने दस्तक दी मेरे पैरों पर।
झिझक हुई, डर लगा, सोचा खींच लूँ खुद को सूखी रेत पर,
पर मैं बुत बना खड़ा रहा लहरों के आलिंगन में।
लहरों की ठंडक में एहसास हुआ समतल रेत के छलावे का,
मुस्कुरा कर साथ ले गईं अहम की परतें अथाह समंदर में,
और मेरे कदम पुनः आ गए धीमे से जीवन के यथार्थ* पर।
किस तरह कुछ बड़े लोग सहजता से करा जाते हैं,
जटिल मानव जीवन की नश्वरता* और आडम्बर* का एहसास।

बहुत छोटे होने का एहसास कराता है ये समंदर।

---

* यथार्थ = सत्य
* नश्वरता = नष्ट हो जाने वाला
* आडम्बर = दिखावटीपन

कठिन है अभिव्यक्त करना

कुछ वेदना है, चेतना है, प्रतिबिम्ब है विमर्श का।
कठिन है अभिव्यक्त करना, वर्षों के संघर्ष का।

मर्म* को शब्दों में ढालूँ, किंचित भी सरल नहीं।
अश्रु समेटे लाख कथाएँ, कौन यहाँ विफल नहीं।
अपना दर्द निराला क्यों, जीवन की पगडंडी में।
विष का मंथन अमृत तक, अनुभव की हर हंडी में।
फिर भी कुछ संग्राम अनूठे, जीवन की रणभूमि में,
स्वयं लड़ें है, घाव सहें है, साथ दृढ़ निष्कर्ष का।
कठिन है अभिव्यक्त करना, वर्षों के संघर्ष का।

नियति से ज़्यादा कभी, मनुष्य को मिलता नहीं।
स्नेह, नीर, धूप बिन, पुष्प भी खिलता नहीं।
मुश्किलें हर मोड़ पर, दो हाथ करने आयीं जब।
प्रियजनों की प्रार्थनाएँ, भाग्य बन के छाईं तब।
कुछ रहा पुरुषार्थ सबका, कुछ दिलों की कामना,
यूँ हुआ मुमकिन सफ़र, फ़र्श से इस अर्श का।
कठिन है अभिव्यक्त करना, वर्षों के संघर्ष का।

---

* मर्म = हृदय में छिपा दर्द

तुम आए तो

तुम आए तो जीवन में कुछ अच्छा हुआ।
अब क्या कहे की क्या ये जीवन तुम बिना।

तुम आए तो आँखों की नमीं कम हुई।
तुम आए तो होंठों पे हंसीं थम गई।
तुम आए तो इच्छाओं से बंधन बँधा,
अब क्या कहे की क्या ये बंधन तुम बिना।

तुम आए तो ख़्वाब को जीवन मिला।
तुम आए तो अरमान को दर्पण मिला।
तुम आए तो सपनों का गुलशन खिल गया,
अब क्या कहे की क्या ये गुलशन तुम बिना।

तुम आए तो तनहाइयाँ ओझल हुईं।
तुम आए तो सब भावना निर्मल हुईं।
तुम आए तो यादों का आँगन भर गया,
अब क्या कहे की क्या ये आँगन तुम बिना।

लिखें हैं पत्र तुम्हें इस शाम कई

कल्पना के मौन स्वरों से, दिए हैं तुमको नाम कई।
बहुत दिनों के बाद लिखें हैं, पत्र तुम्हें इस शाम कई।

कुछ में मिलने की आशा है, कुछ में दर्द जुदाई का।
कुछ में ख्वाबों के घरोंदे, कुछ में ग़म तनहाई का।
अपनी आँखें नम ना करना, भेज रहा पैग़ाम कई।
बहुत दिनों के बाद लिखें हैं, पत्र तुम्हें इस शाम कई।

शाम ढले ही आँख में आँसू, छलकाती है तेरी याद।
छिपा के पहलू में फिर अपने, समझाती है तेरी याद।
तुझको पाने को जीवन में, करने मुझको काम कई।
बहुत दिनों के बाद लिखें हैं, पत्र तुम्हें इस शाम कई।

अश्रु बहाते कुछ मिलते हैं, प्रेम की टेढ़ी राहों पर।
कुछ दीवानो से हँसते हैं, खुद पर किए गुनाहों पर।
मित्र बता अपना क्या होगा, यूँ देखे अंजाम कई।
बहुत दिनों के बाद लिखें हैं, पत्र तुम्हें इस शाम कई।

तुम्हें भुलाना मुश्किल है

तुम्हें भुलाना मुश्किल है।

कैसे भुलाऊँ उस मकाम को, वहीं हमारी यादें थीं।
तब हमारे होंठों पर बस, मिलने की फरियादें थीं।
मिलने से पहले ही हम क्यों जुदा हो गए।
हुई क्या खता मुझसे, जो तुम खफा हो गए।
काश! तुम समझ सकते की मेरे सीने में भी दिल है।
तुम्हें भुलाना मुश्किल है।

बंधनों से बंधना किसी प्यार का अंजाम नहीं।
करते रहें गिला सभी से, यह भी कोई काम नहीं।
सच्चा हो प्यार अगर, तो शिकायत नहीं होती।
बंधनों से बंधने की, सभी की इनायत नहीं होती।
मेरे जीवन में तो अब, तुम्हारी यादों की महफ़िल है।
तुम्हें भुलाना मुश्किल है।

अब ना आना तुम

अब ना आना तुम की मैं मजबूरियों से बंध गया हूँ,
हाँ, मगर जीवन तुम्हारा खुश रहे ये चाहता हूँ|

बासंती वादे तुम्हारे और वो स्वर प्यार के|
क्या कहूँ मैंने क्या पाया अपना सब कुछ हार के|
राह में अब हार के, बैठा हूँ मैं पाषाण* सा,
कामनायों की तुझे मंजिल मिले ये चाहता हूँ|
हाँ, मगर जीवन तुम्हारा खुश रहे ये चाहता हूँ|

साथ तुम्हारा ज़िंदगी का, एक स्वर्णिम* भाग था|
महकते अरमान सा था, मचलते जज़्बात सा|
यादें ही कल के लिए संचित धन है मेरा,
भविष्य तेरा पुष्प सा खिलता रहे ये चाहता हूँ|
हाँ, मगर जीवन तुम्हारा खुश रहे ये चाहता हूँ|

---

* पाषाण = पत्थर
* स्वर्णिम = सुनहरा

तुम संग मेरे यार रहे

जीवन कोई मधुमास* नहीं, जो हर पल बीच बहार रहे।
रहे जो पल दो पल को तो, ये तुम संग मेरे यार रहे।

तुम्ही से सीख लिया मैंने, जीवन का वर्तमान जीना।
क्या कहें की अब आया मुझको जोगी समान जीना।
ना हृदय में कोई टीस रहे, ना मन पर कोई भार रहे।
रहे जो पल दो पल को तो, ये तुम संग मेरे यार रहे।

ये मिलन जुदाई रस्म हैं ना, इनसे डरकर क्या घबराना।
तुम मुझसे दूर रहो तो क्या, अपनी दुनिया में मुस्काना।
कुछ यादों के अवशेष* रहें, कुछ दबा छुपा सा प्यार रहे।
रहे जो पल दो पल को तो, ये तुम संग मेरे यार रहे।

हर पथ पर हमको पुष्प मिलें, इतने तो हम धनवान नहीं।
कुछ काटें भी हैं किस्मत में, क्या मित्र तुम्हें अनुमान नहीं।
ख़ार चुभें पग में तो भी, एक फाँस ना दिल के पार रहे।
रहे जो पल दो पल को तो, ये तुम संग मेरे यार रहे।

---

* मधुमास = वसंत ऋतु
* अवशेष = बचा हुआ

दर्द तुम्हारा तुम्हें सुनाएँ

प्रेरित करते शब्द तुम्हारे, मन का तो विश्वास तुम्ही हो।
दर्द तुम्हारा तुम्हें सुनाएँ, तन्हा मन के पास तुम्ही हो।

शाम ढले तो याद तुम्हारी, रात ढले तो मन बैरागी।
सब उलझन में कुछ सुलझे तो, प्रीत की डोरें उलझें सारी।
और बताएं कनु तुम्हें क्या, तन में बन के सांस तुम्ही हो।
दर्द तुम्हारा तुम्हें सुनाएँ, तन्हा मन के पास तुम्ही हो।

हृदय तो चाहे हाथ तुम्हारा, हाथ में थामे चलते जाएँ।
जीवन पथ पर दुखी हुआ मन, अपने घाव तुम्हें दिखाएं।
और छुपाएं तुमसे क्या हम, जीवन का आकाश तुम्ही हो।
दर्द तुम्हारा तुम्हें सुनाएँ, तन्हा मन के पास तुम्ही हो।

प्रेम का कोई मोल नहीं है, प्रेम की ना कोई मंजिल है।
प्रेम है पूजा त्याग वेदना, प्रेम अश्रुओं की महफ़िल है।
प्रेम सिखाया तुम्ही ने मन को, निश्छल सा एहसास तुम्ही हो।
दर्द तुम्हारा तुम्हें सुनाएँ, तन्हा मन के पास तुम्ही हो।

जीवन रस्ते हैं पथरीले, गिर जाना है नियति* हमारी।
कल को कौन सहारा देगा, बाहें थामे आज तुम्हारी।
समय ना साथ तुम्हारा छीने, जीवन का मधुमास तुम्ही हो।
दर्द तुम्हारा तुम्हें सुनाएँ, तन्हा मन के पास तुम्ही हो।

---

* नियति = किस्मत

शोरगुल

बेचैनियाँ होतीं है आज भी,
जब निकलता हूँ उन गलियों से|

बचपन की गालियां,
लड़कपन के किस्से,
आज भी बैठे हैं,
दिल के किसी कोने में|

उन्हें इंतजार है शायद,
मेरे इस शोरगुल भरे,
चक्रव्यूह से निकालने का|

देकर यादों के साये और चले गए
(वीरेंद्र मिश्र जी को समर्पित)

नीरद* की तरह आए और चले गए,
अपने अश्रु से दुनिया को, तृप्ति का एहसास दिलाकर|

साँसों के हर मोड पर, संघर्षों के घन गरजें हैं|
खुद के दर्द की वीणा पर ही, गीतों के सुर आप बजें हैं|
रवि सा नभ पर छाए और चले गए,
गीतों में खुद रहने का विश्वास दिलाकर|

विविध सृजन और कंठ मधुर, ऐसा वो अद्भुत थे संगम,
एक युग के यूँ खो जाने पर, आँखें क्यों ना हो फिर नम|
देकर यादों के साये और चले गए,
शब्दों को इस दुनिया में नव आस दिलाकर|

---

* नीरद = बादल

जीवन की नाव

कोई मरके जहाँ में जीता है।
कोई जीकर जहाँ में मरता है।
ये तो अपना अपना अंदाज़ है,
यहाँ ज़िंदगी जीने का।

कोई मुस्कुरा के पीता है।
कोई आँसू बहा के पीता है।
ये तो अपना अपना अंदाज़ है,
ग़म को जहाँ में पीने का।

कोई यादों को निहारे सीता है।
कोई मौत के सहारे सीता है।
ये तो अपना अपना अंदाज़ है,
दिल के ज़ख्म सीने का।

मगर दोस्त शायद इस जहाँ में,
यही जीकर पीना,
और पीकर सीना,
फिर सीकर जीना,
अंदाज़ है जीवन की नाव खेने का।

दर्द तुम्हारा मेरा भी है

दर्द तुम्हारा मेरा भी है, खुशी तुम्हारी अपनी है।
हंसो अगर तो भूल भी जाओ, अश्रु बहें तो मुझे बुलाना।

एक पराजित मन का तुमने, अँधियारों में साथ दिया है।
घुटती जर्जर अभिलाषा को, धाम लिया है हाथ दिया है।
हार तुम्हारी मेरी भी है, जीत तुम्हारी अपनी है,
जीत मिले तो भूल भी जाओ, यदि हारो तो मुझे बुलाना।

बहुत नहीं कुछ दे सकता मैं, कुछ शब्दों की सौगातें हैं।
नाम तुम्हारा हर आँसू पर, याद में डूबी सब रातें हैं।
आभाव तुम्हारे मेरे भी हैं, पूर्ण रहो तो अपनी हो,
सब पाओ तो भूल भी जाओ, कुछ ना हो तो मुझे बुलाना।

राह तुम्हारी मेरी भी है, मंजिल मात्र तुम्हारी है,
पुष्प बिछें तो भूल भी जाओ, ख़ार चुभें तो मुझे बुलाना।

दर्द तुम्हारा मेरा भी है, खुशी तुम्हारी अपनी है।
हंसो अगर तो भूल भी जाओ, अश्रु बहें तो मुझे बुलाना।

विलक्षण वृक्ष

एक नीम था, मेरे आँगन में, विलक्षण और विचित्र सा।
दिन के चार पहर जैसा, विभाजित व्यक्तित्व था उसका।

सुबह सवेरे जब मैं उठता था, खटिया से अपनी छत पर,
तो खिलखिलाते, किसी बच्चे की तरह,
दूर से हाथ हिलाकर बुलाता था वो मुझे।
और फिर हम दोनों, चाय की चुस्की के साथ,
घंटों धूप सेकते थे।
अपनी दो टहनियों को पानी में डालकर,
साथ साथ नहाता था वो मेरे।

मध्यान्ह होते होते, बदल जाता था,
व्यक्तित्व उसका, किसी नवयुवा की तरह।
सूर्य की वही धूप जो सुबह ख़ुशनुमा लगती थी,
दोपहर आते आते, काटने लगती थी उसे।
जैसे विद्रोही जवानी में सबको अपने माता पिता।
जिगरी दोस्त सा लगता था, वो मुझे गर्म दोपहर में।
बहती लू के बीच, कमरे के एकांत में,
जाने कितने शब्द उकेरे है मैंने काग़ज़ पर,
अपनी भावनाओं के उसके संग।

अपरान्ह में किसी आदमी सा प्रतीत होता था वो मुझे,
लू की गर्मी और थपेड़ों से बोझिल।
जैसे ज़िंदगी की कठिनाइयाँ समय से पहले,
प्रौढ़* बना देती हैं किसी युवा को।
चमचमाती सूरज की रोशनी, उन्हीं साखों के बीच,
वो ऊर्जा नहीं देती जब।
ज़िंदगी के संघर्षों को झेलने का गर्व है,
और रात के आने का डर भी है शायद।
मगर एक प्रौढ़ की तरह, अपनी ज़िम्मेदारी निभाते हुए,
शाम को चाय पर बैठता ज़रूर था, मेरे साथ, मेरा दोस्त।

सायंकाल को जब माँ दिया रखने जाती थी,
उस वृक्ष के नीचे बने मंदिर में,
तो यकायक, मंदिर में टिमटिमाते दिये की रोशनी में,
गंभीर, बैरागी, संत जैसा पाया उस वृक्ष को मैंने,
ध्यान में, तप करते हुए।
मानो की सदियों से विराजमान है वो यहाँ,
एक योगी की तरह, सांसारिक चिंताओं से एकदम विरक्त।

और फिर वही सुबह नींद का टूटना,
और मेरा दोस्त खड़ा रहता था यथास्थान,
खिलखिलाते बच्चे की तरह, हाथ हिलाते हुए।

---

* प्रौढ़ = जिसकी युवावस्था समाप्ति पर हो

ज़िंदगी के चारों पड़ाव हर दिन दिखते थे मुझे,
दिन के चार पहरों में उस विलक्षण वृक्ष के साथ।
लेकिन आज जब मैं गया अपने घर,
शहर की भागमभाग छोड़कर,
तो मंदिर वहीं मिला, किंतु मेरा साथी नहीं।
उम्र के साथ गिर गया अपनी धुरी* से एक दिन।
माँ ने बताया कि उसकी जड़ें मेरे घर की नींव में जमीं मिली।
जैसे कोई थामे हो किसी अपने को, बिछड़ जाने के डर से।
मेरे दोस्त की कटी सूखी लकड़ियों ने,
शायद सजायी होगी कोई मृत्युशय्या*,
किसी शरीर को जीवन के चार पहर से पार लगाने के लिए।
जिसको समझने में, पिरोने में,
अपनी सारी ज़िंदगी खपा दी उसने।

पुनः एक नयी शुरुआत है उसके लिए शायद।
अब रात के चार पहर समझाने की, पिरोने की।
अंधकारमय प्रदोष* से नव जीवनी उषा* तक,
जीवन और मृत्यु के इस विकराल* चक्र से,
कौन बचा है आज तक।
पर मुझे विश्वास है फिर मिलेगा मेरा प्रिय मुझे,
हाथ हिलाते हुए उषा के उस पार।
एक नीम था, मेरे आँगन में,
विलक्षण और विचित्र सा।

---

* धुरी = केंद्र
* मृत्युशय्या = मरे हुए मनुष्य को जलाने के लिए लकड़ी की चिता,
* प्रदोष = सूर्य के अस्त होने का समय
* उषा = सूर्योदय की लाली
* विकराल = डरावना

अज़ीज़ रास्ते

रास्ते बड़े अज़ीज़ होते है।

जवानी में नये रास्ते, कुछ दोस्त जैसे लगते थे।
जवानी की बेसुधियों को सँभालते थे।
मोहब्बत की सिसकियों से निकले, आँसुओं को झाड़ते थे।
जब मैं दो पहियों को मिलाने लाता था उन्हें,
तो बड़े ख़ुश होकर, रेस लगाते थे मुझसे।
तेज़ थे, कसे बदन और सरपट रफ्तार के साथ,
पर अक्सर जीत मैं ही जाता था।
बड़ा गुमान होता था अपनी जीत पर।
मेरे कंधे पर हाथ डाले, बहुत खुश होते थे वो मगर।
कभी कभी लगता था की जैसे,
जान कर हार जाता हैं कमबख़्त।
फिर मैं हाथ हिलाकर विदा लेते हुए,
उन्हीं की बाँहों से, दूर निकल जाता था।

बरसों बाद चार पहियों से उसी रास्ते पर जाना हुआ।
भागती भीड़ में आज पहचान नहीं पाया अपने दोस्त को मैं।
ड्राइवर ने हामी भर कहा, की रास्ता तो वही है।
कार की तंग हवा से बाहर निकल कर देखा,

तो मेरे दोस्त की लाश दफ़न मिली, डंबर की परतों के नीचे।
मोहब्बत के आंसू छलक आये मेरे अज़ीज़ के लिये।
ख़याल आया की मुझ जैसे जाने कितने,
लोगों के मर्म में बसे हो तुम,
अनगिनत यादों के साथ।

रास्ते बड़े अज़ीज़ होते है।

खंडहर

टूटे से अब खंडहर हैं वो उजड़े हुए किले,
कल का वो इतिहास, आज इनमें रो रहा है|

बिखरे से उन खंबों में अब, तनहाइयों का वास है|
यौवन की सुंदरता सदा, करता समय खुद नाश है|
यादों के पुष्प हर जगह, बिखरे हुए मिले,
जरठता* का एहसास, आज इनमें रो रहा है|

नामों को लिखने के लिए, पत्थर उठाते हाथ में|
सैकड़ों दे जाते घाव, कुछ पलों के साथ में|
टूटे नहीं हैं आज भी, जख्मों के सिलसिले,
मानव पे वो विश्वास, आज इनमें रो रहा है|

तोपों के गोलों को स्वयं, सीने पे इनने खाया है|
मौतों के साये में सदा, जीवन के सुर को गाया है|
आँखों से देखें है बहुत, लाशों के काफिले,
जीने का खुद प्रयास, आज इनमें रो रहा है|

टूटे से अब खंडहर हैं वो उजड़े हुए किले,
कल का वो इतिहास, आज इनमें रो रहा है|

---

* जरठता = बुढ़ापा

बनारस

बनारस शहर नहीं, मोहब्बत है|
ख्वाबों की रगो में दौड़ती मचलन की तरह|

शिव शंभु का वादा है,
की मणिकर्णिका में धधकी हुई,
हर देह को मोक्ष की प्राप्ति होगी।
मगर तब तक मुझे मालूम है कि,
जो मैं तलाश रहा था इस जीवन में,
वही बनारस है, अपना बनारस।

देवों के देव, महादेव का नगर,
सत्य और न्याय के त्रिशूल पर टिका हुआ,
गंगा मैया की करुणा से महकता,
माँ पार्वती की सुंदरता से चमकता,
खिलखिलाता मगर शर्मिला सा,
सब रसों का एक रस, बनारस।

गंगा वंदना

गोद में करुणा समाए, शिव जटा की गर्जना।
हर हर गंगे, नमामि गंगे, कोटि कोटि शुभ वंदना।

हस्त जोड़ नतमस्त है, शीतल जल में हर बदन।
तीन डुबकी मार के बस, पा गया हर मोक्ष मन।
तेरा जल ही तुझको अर्पण, इससे बड़ी क्या अर्चना।
हर हर गंगे, नमामि गंगे, कोटि कोटि शुभ वंदना।

हर घाट का अतीत गर्वित, देखा है अपने चक्षु से।
राम, बुद्ध, महावीर, नानक, आयें सभी हैं भिक्षु से।
हर लहर में वात्सल्य उमड़े, हर धार में सदकामना।
हर हर गंगे, नमामि गंगे, कोटि कोटि शुभ वंदना।

काशी ने प्रतिशोध लिया, चेत सिंह के मान का।
हुआ शिवाला रक्तरंजित, विकल्प नहीं सम्मान का।
रौद्र हुई ये देख धारा, अन्याय की उर वेदना।
हर हर गंगे, नमामि गंगे, कोटि कोटि शुभ वंदना।

एक थे हरिश्चंद्र राजा, धर्म के योगी पुरोधा।
देख रोई तू भी मैया, पुत्र शव की अग्नि बाधा।

सत्य का ऐसा पुजारी, तट पे आया कोई ना।
हर हर गंगे, नमामि गंगे, कोटि कोटि शुभ वंदना।

मणिकर्णिका के ज्वाल में, हुए हैं भस्म कितने ही।
राम नाम सत्य इति है, अंत में सब मिटने ही।
राख सी ये देह आखिर, मिलनी है तेरे संग ना।
हर हर गंगे, नमामि गंगे, कोटि कोटि शुभ वंदना।

गजलें

उम्र की मगरूरीयत

अना-ए-ज़िंदगी* की धूप को सर्दी दिखाती है।
अब उम्र की मगरूरीयत* नरमी दिखाती है।

जब कभी गुस्सा हुआ मासूम की ज़िद पर,
माँ के क़िस्सों में मुझे ज़िद्दी दिखाती है।

फ़ुरसत से देखा आज जब यादों का आइना,
बड़ी दूर तक मेरी कसक साक़ी दिखाती है।

दौलत की नज़र कर दिए यूँ ज़िन्दगी के साल,
ख़्वाहिश फिर घर को 'पवन' खाली दिखाती है।

---

* अना-ए-ज़िंदगी = ज़िंदगी का अहंकार
* मगरूरीयत = अभिमान, ग़ुरूर

मसरूफ़ीयत

ज़िंदगी की मसरूफ़ीयत* में कभी भूल जाता हूँ।
ना समझना तुझे इबादत में कभी भूल जाता हूँ।

नज़र मिला के तेरा, हाथों में रुपये रख देना,
इस मतलबी दौलत में कभी भूल जाता हूँ।

सुहानी याद की लहरों में कभी डूब के ख़ुद को,
अब भी तेरी चाहत में कभी भूल जाता हूँ।

मददगार रूह, पाक मन, फ़रिश्तों सी बातें 'पवन',
इंसान की सोहबत में कभी भूल जाता हूँ।

---

* मसरूफ़ीयत = व्यस्तता

ख़ुश रहता हूँ मैं

अल्फ़ाज़ बहे कम तो ख़ुश रहता हूँ मैं।
रहे मसरूफ ये क़लम तो ख़ुश रहता हूँ मैं।

ज़िंदगी चलती रहे अपनी एक रफ्तार से,
ज़िक्र तेरा ना हो सनम तो ख़ुश रहता हूँ मैं।

आता हूँ तेरी यादों में शायद कभी कभी,
बना रहे की ये भरम तो ख़ुश रहता हूँ मैं।

यूँ मोहब्बत ना दो की जी भर आए मेरा,
थोड़ी आँख रहे नम तो ख़ुश रहता हूँ मैं।

मेरी औक़ात से ज़्यादा दिया है रब तूने,
बना रहे तेरा करम तो ख़ुश रहता हूँ मैं।

बाँहों में मेरी आयीं तुम

कल जब बाँहों में मेरी आयीं तुम।
छुईमुई के पेड़ सी शरमाईं तुम।

सुबह के खिले फूल का हुआ आभास,
रात में धीरे से जो मुस्काईं तुम।

होंठों से निकले शब्द तो ऐसा लगा,
गुनगुनाती हो कोई शहनाई तुम।

भावनाओं से भिंगी ग़ज़ल मुझको लगीं,
नदिया से निकली आज जो नहाई तुम।

दिन में रहो हँसते हुए सूरज की तरह,
रातों में रहो चाँदनी से छाई तुम।

कैसे समझाऊँ उसे

रुकना मेरी आदत नहीं, कैसे समझाऊँ उसे।
सोचता हूँ हाथ थामूँ, साथ ले जाऊँ उसे।

दिल में हज़ार ख़्वाहिशें बैठीं हैं घर जमा,
बहुत है इंतिशारज़दा*, कैसे बचाऊँ उसे।

ज़िंदगी के मायने समझे हैं उसके साथ ही,
उसके बिन बेमानी है ये, कैसे बताऊँ उसे।

जब सुकून आता है, बेसब्र हो जाता है मन,
कैसे बहलाऊँ 'पवन', सब्र सिखाऊँ उसे।

---

* इंतिशारज़दा = घबराहट का मारा हुआ

मेरा नसीब

उससे जुड़ा मेरा नसीब लगता है।
वो हर जगह मेरे क़रीब लगता है।

मालूम तो है उसको दुश्मन कौन है,
मुझसे बेहतर मेरा रक़ीब लगता है।

मुस्कुराता है मेरी धड़कन बढ़ाकर,
महबूब का दिल बेअदीब लगता है।

मुश्किलों में पली है ज़िंदगी 'पवन',
सहूलियत में बड़ा अजीब लगता है।

बेचैनी

बोझिल सा है समा यहाँ, दिल में बेचैनी सी है।
इस खामोश वक़्त में, इक दास्ताँ कहनी सी है।

तुम नहीं बहला सकोगे आज महज़ अल्फ़ाज़ से,
ख़ुश्क* बेदम आँखों में, चोट कुछ ज़हनी* सी है।

एक नीम का दरख़्त था, छाँव ढडक के लिए,
आज सब वीरान सा है, याद की टहनी सी है।

---

* ज़हनी = रूहानी
* ख़ुश्क = सूखी

दिल भरता नहीं रुबाइयों से

गुफ़्तगू जब हुई तनहाइयों से।
याद आयी तेरी गहराइयों से।

हंसीं रात है बहने दो नज़्में-जाम,
दिल भरता नहीं रुबाइयों से।

मिला था होश मुझको शब ढले,
गया गुम तेरी अँगड़ाइयों से।

सुनाया उनको अपना हाले-दिल,
सिसकती गूँजती शहनाइयों से।

मुझे अब ना रहा दिल का लिहाज़,
मिला है ये 'पवन' हरजाईयों* से।

---

* हरजाई = बेवफ़ा

करीबी रिश्ते

खामोश झील से होते हैं करीबी रिश्ते।
गहरी धार में संजोते हैं करीबी रिश्ते।

अनबन, वादे, क़िस्से, यादें, संचित* कर,
लोग वर्षों में पिरोते हैं करीबी रिश्ते।

सतह पर मदहोश, निर्विघ्न* बहते हुए,
युग्म* गहराई में रोते हैं करीबी रिश्ते।

अविश्वास के एक महीन कंकड़* से,
बड़ी आसानी से खोते हैं करीबी रिश्ते।

---

* संचित = इकट्ठा करना
* निर्विघ्न = बिना बाधा के
* युग्म = जुड़े हुए
* कंकड़ = बहुत छोटे पत्थर

धुंधली रोशनी
(The myth of cave)

परछाइयाँ चलती है धुंधली रोशनी में।
अंजां कोई हँसता है खाली रोशनी में।

कुछ धड़कता तो है उन नकाबों के तले,
दिखता नहीं पर मुझको काली रोशनी में।

सुकरात को भी विष पिलाया इस जगत ने,
कुछ प्रश्न ही तो थे सवाली रोशनी में।

तम की तरफ़ वो चल दिया सब छोड़ के,
तुम 'पवन' उलझे हो ख़याली रोशनी में?

रात कटी पलकों पर

रात कटी पलकों पर, अब सहर जाने को।
दर्द बहुत खींचता है, मुझे उधर जाने को।

मुफ़लिसी*, रंज*, मेहनत, आंसू-ओ-तनहाइयाँ,
मिलें हैं रहबर* तमाम, एक डगर जाने को।

रंज ना कर, फिर मिलेंगे, उम्र की तंग गलियों में,
आज़ाद नये मोड़ से तू, नया सफ़र जाने को।

सोचा बंधन तोड़ दें, इन घुटन के महलों से,
हर-सू* निगाहें 'पवन', बरस मगर जाने को।

---

* मुफ़लिसी = ग़रीबी
* रंज = दर्द
* रहबर = हमसफर या राह दिखाने वाला
* हर-सू = हर तरफ

मुहब्बत की कसक

बड़ी गुमनाम मुहब्बत की कसक रहती है।
सुलगती ज़ेहन में ये दूर तलक रहती है।

दो पहिये हाथ में थामे खिलखिलाती थी,
अब घबराई सी खामोश सड़क रहती है।

दौलत की चाह में दिन रात किए एक मैंने,
अब उससे भागने की जी में सनक रहती है।

तसव्वुर तेरा कराती है वो हर पल मुझको,
उस इक किताब में जो तेरी महक रहती है।

ख़याल उसका जवाँ रखता है 'पवन' मुझे,
उस नाम की अब भी दिल में धड़क रहती है।

गुमान

माज़ी*, दर्द, रंज, ख़लिश*, थोड़ा गुमान* लिये जी रहे हैं।
इन आँखों में कई आँखों के अरमान लिये जी रहे हैं।

इक मासूम दिल लगाया था कभी किसी ज़ालिम से,
अब तक दागा-ए-मोहब्बत के निशान लिये जी रहे हैं।

मेरे मुहल्ले की फ़िज़ाओं में वो ख़ुशबू नहीं अब 'पवन',
और हम पुरानी महकती यादों की दुकान लिये जी रहे हैं।

---

* माज़ी = अतीत
* ख़लिश = दर्द की टीस
* गुमान = अभिमान

बंजर से ख़्वाब

बंजर से ख़्वाब, सूने आसमान को।
वो छोड़ गया सपनों के मकान को।

बेइख़्तियारी*, बेख़याली, बेकरारी, बेसुधी*,
अब और क्या दूँ अपने साहिबान को।

ताक पे रख दिया हमने हर गुमान को,
और क्या दूँ प्यासे इस जहान को।

---

* बे-इख़्तियारी = मजबूरी
* बेसुधी = बेहोशी

रूबरू इस ज़िंदगी से

बड़े अजीब मोड़ पर हैं रूबरू इस ज़िंदगी से।
परिचित रास्ते भी लग रहे कुछ अजनबी से।

मिट्टी, पीतल, चाँदी, सोना, राख देह की क्या जाने,
क्यों डरता है मन फिर जीवन में धन की कमी से?

हंसते खेलते जुगनुओं से, बच्चे कुछ मज़दूरों के,
दिखता नहीं आभाव वहाँ, क़ैद अपनी बालकनी से।

जिन जिस्मों ने जान खपा दी, बच्चों की मुस्कान को,
अब रस्ता तकते हैं तन्हा, बुझी आँखों की नमी से।

हर सांस में गतिमान है, ये रेत सा जीवन 'पवन',
तेज निगले जा रहा है, अब वही तुमको तुम्हीं से।

अहम का मतभेद

वही दुख हर इंसान का, ख़ुशी वही है।
थोड़े अहम का मतभेद है, बाकी वही है।

जीवन के भविष्य की हर कशमकश में,
डट के खड़ा है साथ जो, माज़ी* वही है।

कुछ हज़ार हफ़्तों की इस ज़िंदगी में,
झूठी अमरता का दंभ है, कमी वही है।

जुदा उसको दिखती है ऊँची मंज़िल से,
बस फर्क थोड़े क़द का है, ज़मीं वही है।

प्रार्थना, प्रयास और प्रारब्ध का प्रसंग है,
मिलें 'पवन' साथ जब, नियति वही है।

---

* माज़ी = बीता हुआ कल

ज़िंदगानी

हर मग़रूर उम्र की कहानी है।
कभी जिस्मी, कभी रूहानी है।

देखता हूँ जवाँ सूरज को चढ़ते हुए,
शीन* इसकी भी शाम उतर जानी है।

जो है नहीं उसमें टिकी है सब ख़ुशी,
हर सांस ख़्वाहिशों की दीवानी है।

दिखती थी कभी सुबह तारों के पार,
अब रात रात है, घनी आसमानी है।

मैं ज़िंदगी के कई हिस्से देखता हूँ,
हर हिस्से में करम, मेहरबानी है।

कृतज्ञता का बोध मुश्किल क्यों यहाँ,
बिना आभार तो ये ज़िंदगी बेमानी है।

हर पल तेरी ज़िंदगी में रंज क्यों है?
दो चार पल की 'पवन' ज़िंदगानी है।

---

* शीन = चमक

मेरी यादों के शहर में

मेरी यादों के शहर में, मुझे अब जानता कोई नहीं।
नज़र मिलती है लोगों से, मगर पहचानता कोई नहीं।

बुजुर्ग थे, दरख़्त थे, कुछ ज़िंदगी को छाँव थी,
इस चिलचिलाती धूप को अब छानता कोई नहीं।

गुज़रते वक़्त की रफ्तार पर घिस जाते हैं रिश्ते सभी,
जवाँ उमर के साये में मगर ये मानता कोई नहीं।

याद तेरी याद है, महफ़िल में हर कहीं,
बहुत शेर मुकर्रर* हुए, तेरे नाम सा कोई नहीं।

बचपन की गली से अक्सर गुज़रता हूँ मैं अंजान सा,
मुहल्ले में सिवा मेरे 'पवन' मेहमान सा कोई नहीं।

---

* मुकर्रर = जो बार बार दोहराया जाए

नजर की जादूगरी

बेकरारी, बेखुदी और बेबसी है दोस्तो।
कुछ नहीं ये प्यार की दीवानगी है दोस्तो।

झुकती हुईं पलकें, यहाँ बेताब होता दिल,
यही तो नजर की जादूगरी है दोस्तो।

दिल में छुपा मासूम सा अरमान कोई है,
वो ना काली, ना शमा, ना परी है दोस्तो।

पल भर का गुस्सा और कभी हंस के शरारत,
थोड़ी सी नादान, थोड़ी मनचली है दोस्तो।

शायद किन्हीं हालात के हाथों है वो मजबूर,
यूं तो उसका दिल कोई पत्थर नहीं है दोस्तो।

रात भर

आँसू हैं, दर्द है, तनहाइयाँ हैं रात भर।
आप ही की याद की परछाइयाँ हैं रात भर।

महताब* में चेहरा तुम्हारा, चाँदनी में रूप,
आप की खुशबू लिए, पुरवाइयाँ* हैं रात भर।

क्या कहूँ, कैसे कहूँ की कितने मेरे ख्वाब हैं,
कान में अब गूँजती शहनाइयाँ हैं रात भर।

हर रोज ही सोचा तुम्हें, हर रोज ही आँसू बहे,
बढ़ती हुई यूँ प्यार में गहराइयाँ हैं रात भर।

मुझको पता है ख्वाब बिखर जाएंगे मेरे,
बेदर्द सी सम्मुख खड़ी सच्चाइयां हैं रात भर।

---

* महताब = चाँद
* पुरवाइयाँ = पूर्व से बहती हवा

तुमको पास बुलाते हैं

तन्हा लम्हे बाँह पसारे, तुमको पास बुलाते हैं।
जलते बुझते ख़्वाब हमारे, तुमको पास बुलाते हैं।

चाँद वहाँ नभ पर है देखो, पर उसमें वो नूर नहीं,
बहुत परेशां चाँद सितारे, तुमको पास बुलाते हैं।

दूर क्षितिज पर जीवन देकर, जिन्हें बिठाया तुमने वो ही,
स्वप्न हमारे, ख्वाब तुम्हारे, तुमको पास बुलाते हैं।

पाषाणों की दुनिया में, कब मोल किसी ने पहचाना,
आँख से झरते मोती सारे, तुमको पास बुलाते हैं।

आज अंधेरा, आज मुश्किलें, कल ना होंगी यकीं करो,
दूर रोशन मस्त नज़ारे, तुमको पास बुलाते हैं।

और सहारा दें अब कब तक, एक हारे इंसान का,
जर्जर ढहते सभी सहारे, तुमको पास बुलाते हैं।

तुम मुझे

बना के फूल, शाखों पर सजाना तुम मुझे।
यादों के गुलिस्तां में बसाना तुम मुझे।

बहुत मिलते हैं लोग, कौन किसको याद रखता है,
यूँ ना इस तरह से भूल जाना तुम मुझे।

नजर से तेरी अश्क बनकर मैं बरसता हूँ,
मुझी को याद करके ना बहाना तुम मुझे।

तुम्हारी हर सदा पर थामने, तुमको मैं आऊँगा,
बेफिक्र होकर आजमाना तुम मुझे।

दर्द की आँच में

दर्द की आँच में, शायद पिघलने सा लगा हूँ।
पास आ जाओ तुम, की मैं बदलने सा लगा हूँ।

वक़्त एक भौंरें की मानिंद*, उड़ गया है शाख से,
और मैं एक गुल की मानिंद, अब बिखरने सा लगा हूँ।

हार को जीत बनाने का हुनर तुमसे सीखा है,
तुम्ही को हार के फिर क्यों मचलने लगा हूँ।

दूरियाँ नजदीकियाँ, मिलना बिछड़ना हर कहीं,
हर कहीं आहें कराहें सुन मैं डरने सा लगा हूँ।

बेमौसम बारिश की बूंदें, बेमौसम तूफान 'पवन',
लगता है उसकी आँख से फिर मैं बरसने सा लगा हूँ।

---

* मानिंद = तरह

मन

जब तुम हँसती हो ना तो बहुत खुश होता है मन।
फिर तुम्हें तनहाइयों में याद कर रोता है मन।

गुजरते हुए लम्हात की कीमत क्या बताएँ तुम्हें,
गिन गिन के हर एक पल को सँजोता है मन।

दुनिया के दर्दो-गम से जब मायूस होता है,
खुद को तेरी आँखों में डुबोता है मन।

रिवाज

मर चुकी है आत्मा, पर तन पे उन्हें नाज़ है।
इंसानियत की मौत का, ये कैसा रिवाज है।

जिसमें त्याग सेवा के, गूँजते थे सुर कभी,
छल कपट का राग अब, बोलता वो साज़ है।

खेल बन चुकी है बस, औरतों की अस्मिता,
वासना में इस कदर, भटक रहा समाज है।

भावना देती रही जो, दूसरों को ज़िंदगी,
आज खुद जहान में, सांस को मोहताज है।

घुट के आज कल उठेगी, गूंज फिर मेरी 'पवन',
हृदय की संसार में, कब रुक सकी आवाज़ है।

अश्कों की सौगात

कुछ वीरान से रस्ते हैं, दबे दबे जज़्बात हैं।
बस मेरी गज़लों के साये, तन्हा मेरे साथ हैं।

गर अधरों पे हंसी जो आए, दो आँसू छलका लेना,
वो मुस्कां के फूल ही मेरे, अश्कों की सौगात हैं।

जिनके सहारे ऊंचे अंबर को छूने का ख्वाब सजाया,
मेरे घर को आज जलाने, आए वो ही हाथ हैं।

रोज़ छलकता अखबारों से, मानव का बहशी ये रूप,
लम्हा लम्हा दम घुटता है, कैसे ये हालात हैं।

ज़िंदगी का सफ़र

तनहाइयों और ग़म के शहर जाता है|
ये किस ओर ज़िंदगी का सफ़र जाता है|

दिल के शीशे के अरमान बहुत डरतें हैं,
जब आईना टूटता है और बिखर जाता है|

यादों के अँधेरों में, ना जा मेरे दिल,
रोकता हूँ उसे, चुपके से मगर जाता है|

इन्ही काँटों में मिलें शायद ख्वाबों के मेरे फूल,
दिल यही सोचकर काँटों की डगर जाता है|

शायद तुझे मालूम नहीं तेरा ये 'पवन',
तेरी हँसी से जुड़ता है, आँसू से बिखर जाता है|

साये

इंसान की जगह मिले, इंसान के साये।
कुंठित, विखंडित, खोखले, सम्मान के साये।

जिसके लिए एक उम्र लगाई थी दांव पर,
टूटते मिले उसी अरमान के साये।

हाथों को छुड़ाया था, अपनो ने जब उससे,
आकर सहारा दे गए, अनजान के साये।

दिलों का मिलन तो बस सपना ही रहेगा,
जब तलक हैं बीच में, अभिमान के साये।

जिसके तले सब लोग, बसाएँ हैं एक दुनिया,
काश सब होते 'पवन', आसमान के साये।

अपना बनाकर

देखा जो उन्होंने मुस्कुराकर|
साथ ले गए अपना बनाकर|

वो इनकार ना कर दें इसलिए,
बैठे हैं प्यार को यूँ ही दबाकर|

पूंछ लेते हैं सभी एहसास उनके,
अपने ख़्वाबों में उनको बुलाकर|

आओ तुम समझो दबे जज़्बात मेरे,
इस दिल के कुछ नजदीक आकर|

हर सुबह उठती तुम्हारी कल्पना,
नई सी आशा के जल में नहाकर|

अगर वो हाँ करें, तो हम लाएँ 'पवन',
उन्हें इस घर में कलियाँ बिछाकर|

ग़म की बस्ती

वो हर खुशी के ठौर* से बहुत दूर हैं|
ग़म की बस्ती में मगर मशहूर हैं|

दर्द किसी शख्स का वो देख सकते हैं नहीं,
अश्क अपनी आँखों में बस मंजूर हैं|

कुछ ज़ख्म भी हैं उन हँसी यादों के साथ,
हर कली के साये में, कांटे जरूर हैं|

दर्द लिए घाव का, ज़ख्म क्या देते 'पवन',
शायद किन्हीं हालात से वो मजबूर हैं|

---

* ठौर = जगह, स्थान

सितारों की तरह

एक दिन टूटते हैं सब, सितारों की तरह।
पुराने किसी साज़ के तारों की तरह।

दो पल को मिले और दूर हो गए,
लहरों से होते दूर किनारों की तरह।

धुंधली हो रही है ख्वाबों में अब तस्वीर,
दूर अँधेरे में सिमटते नज़रों की तरह।

कुछ लोग हर एक मोड़ पर साथ रहे 'पवन',
अपनों से जुदा, अंजान सहारों की तरह।

दूर

क्या बसाऊँ मैं जहाँ, उन दिलों से दूर।
जो रहें हैं साथ मेरे, महफिलों से दूर।

वे मिले तो मुझमें कुछ हुआ है ये सृजन*,
दुनिया में टूटने के सिलसिलों से दूर।

फिर वही मुस्कान से दो शब्द कह दो,
सब शिकवे, सब शिकायत, सब गिलों से दूर।

गर सफलता से ये, संबंध टूटें तो 'पवन',
रहना चाहूँगा यहीं मैं, मंजिलों से दूर।

---

* सृजन = कुछ बनने की प्रक्रिया

पत्थरों में गिरफ़्तार

इक गुलिस्तां का ख़ार है ये ज़िंदगी।
दर्दो-ग़म की फुहार है ये ज़िंदगी।

किसी खुशी के तट की तलाश में,
आंसुओं की धार है ये ज़िंदगी।

कभी बचपन, कभी यौवन, कभी सपने बुढ़ापे के,
महज स्वप्न का संसार है ये ज़िंदगी।

सर को छत, तन को चीर, पेट को रोटी,
बस इन सभी का सार है ये ज़िंदगी।

रोशनी अमीर की, ग़रीब का है तम*,
कहीं जीत, कहीं हार है ये ज़िंदगी।

इंसान तो हर दिल में मर चुका है फिर 'पवन',
क्यों पत्थरों में गिरफ़्तार है ये ज़िंदगी?

---

* तम = अंधेरा

इंसान

यूँ तो अंधेरा हर रोज़ चला जाता है|
सच्चाई ज़माने की दिखा जाता है|

अबला वो कहाँ तक छुटाए रोशनी में दाग,
दामन में तम जो रोज़ लगा जाता है|

इंसानियत की दास्ताँ, हवा का झोंका,
हर रोज़ आके मुझको सुना जाता है|

जानवर को है रोटी नसीब वहाँ पर ख़ुदा,
यहाँ पेट को ग़रीब बिका जाता है|

ख़ुदा उसे कहेगा क्या ये ना पूछिए,
यहाँ जिसे इंसान कहा जाता है|

दिमागी फ़ितूर का अंजाम है 'पवन',
ये दिल तो बेगुनाह ही छला जाता है|

आंसुओं के समंदर

इंसानियत के जिनमें सदा मंज़र रहे।
उन आँखों में आंसुओं के समंदर रहे।

वही हारे जीवन के युद्ध को यारो,
चरित में जो यहाँ सिकंदर रहे।

बने वही जहाँ में ख़ुदा के जिनके,
जेबों में लहू से सने ख़ंजर रहे।

औरत की लूटी लाज बीच शहर में,
और सब 'पवन', घरों के अंदर रहे।

विश्वास की खातिर

क्या कुछ ना किया हमने उस विश्वास की खातिर।
टूट गया जो किसी मधुमास की खातिर।

काँटों की चुभन का भी दर्द सहा है हमने,
फूलों की छुअन के महज एहसास की खातिर।

सफलताओं को मंजिल से बांधो ना ये दोस्तो,
जहाँ में बने जो बढ़े आकाश की खातिर।

ऐसा करें 'पवन' की करे याद ये दुनिया,
जिए क्या ज़िंदगी जो जिए सांस की खातिर।

हुज़ूर प्यार से

रहने लगें हैं हम तो दूर-दूर प्यार से।
जबसे पड़ा है वास्ता मगरूर प्यार से।

खुशियों ने मुझे देश निकाला दिया मगर,
गम के शहर में हो गए मशहूर प्यार से।

अश्कों के मोती भरते हैं दामन को रात भर,
मिली है सौगात ये हुज़ूर प्यार से।

दुआएं ही निकलतीं रहीं बेवफा को यार,
क्या करें हम हो गए मजबूर प्यार से।

गज़लों का ग़म

दुनिया में ग़म खुशी का ये नाता क्यों है।
इंसान हँस के भी आँसू बहाता क्यों है।

दो वक़्त की रोटी भी मुश्किल से जुटा पाता है वो,
फिर ख्वाबों का उलझा जाल बनाता क्यों है।

आदमी को मारता है, धर्मों के लिए आदमी,
इंसानियत का रिश्ता भुलाता क्यों है।

खुशियाँ भी मिलीं हैं मुझे जीवन में तो 'पवन',
फिर गज़लों को मेरी ग़म ही भाता क्यों है।

इंतजार करते रहे

हम उन पर खुशियाँ निसार करते रहे।
वो हँसते-हँसते इनकार करते रहे।

दुनिया के रिश्तों को निभाता कैसे,
वो यादों में गिरफ़्तार करते रहे।

ये दिल अपने ज़ख्म गिनाए कब तक,
जिसे वो हर पल तार-तार करते रहे।

एक मुस्कान पर हज़ार ग़म दिए,
वो इस तरह हमसे प्यार करते रहे।

रहे मसरूफ़ वो अपनी दुनिया में 'पवन',
और हम उनका इंतजार करते रहे।

बेबसी का प्यार

जो तुमसे मिले वो कद हमारा नहीं|
बेबसी का प्यार हमको गवारा नहीं|

तुम कहो उस राह पर चलकर करेंगे क्या,
जहाँ दूर तक मंजिल का नज़ारा नहीं|

चंद लम्हों की नहीं यहाँ, उम्र की है बात,
दो पल का सहारा, सहारा नहीं|

आकर नहीं सह पाओगे, ख़ारो के तुम मिज़ाज,
दुनिया को हमने अपनी सँवारा नहीं|

तन के घाव दर्द क्या देते 'पवन',
जख्मों को कभी दिल में उतारा नहीं|

ख़्वाबों की मुफ़लिसी

ग़मों में भी ढूंढ ली मैंने खुशी है।
ये प्यार है या प्यार की दीवानगी है।

सूरज की रोशनी में आखिर कौन पूछे,
रात में ही याद आती दिये की है।

जहाँ में हूँ आज मैं, कल ना रहूँ तो,
रोना नहीं तुम दोस्तो ये ज़िंदगी है।

यादें तेरी एक रोज़ भी सोने नहीं देतीं,
देखो 'पवन' ख़्वाबों की आई मुफ़लिसी है।

चाँदनी

चाँद से चेहरे पर, जगमगाती चाँदनी।
तड़पा के हृदय को मुस्कुराती चाँदनी।

घटाओं के घूँघट में मुख छिपाए,
नवेली दुल्हन सी लजाती चाँदनी।

इस सुहानी रात में ठंडी हवा के साथ,
दिल में दबे सपने जगाती चाँदनी।

दर्शक सितारे, हवा के ये नाचते मयूर,
यूँ इस तरह महफ़िल सजाती चाँदनी।

फिर वही भोर, जुदाई का क्षण,
रोकर ओस के आँसू बहाती चाँदनी।

तेरी याद

रातों में जब-जब आती है तेरी याद।
आँख से आँसू छलकाती है तेरी याद।

नाम नहीं रिश्तों को बस एहसास चाहिए,
ये अक्सर मुझको समझाती है तेरी याद।

हृदय में बैठे इच्छा रूपी पंछी के,
चुप से स्वर को चहकाती है तेरी याद।

संघर्षों से ख्वाब जीवन के जब मुरझाते,
इनको आकर महकाती है तेरी याद।

दोहे

आस की एक पत्ती हिल के, मन को देती रंग।
दौड़ लगाते क्षण भर में, सपनों के बहुत तुरंग।

आग सा कुछ यूँ जले, दिल में पश्चाताप।
भाप बन के सब उड़ जाएँ, मन में उपजे पाप।

कर्म करते है जो जग में, वो पाते आकाश।
बाकी मंजिल को देखें, बस सपने लेके पास।

वो कहते तुम पापी हो, हम कहते तुम नीच।
ना जाने दिल क्यूँ लड़ते, लक्ष्मण रेखा खींच।

हो गरीब धन से भले, हैं दिल से बहुत अमीर।
जो ना सह सकते जग में, किसी और की पीर।

वीराने में पेड़ को, जो धूप तले पाया।
काटा और उपकार किया, दी घर की छाया।

उनका यहाँ समाज में, ऐसे बढ़ता मान।
कहीं से रिश्वत लेते है, इधर हैं करते दान।

उम्र का होता नहीं, भावों पर प्रतिबंध।
छोटे बड़े सब फूलों में, होती वही सुगंध।

आँसू पर उसके सब लोग, ओट से ऐंठें कान।
मुंह पर है गमगीन दशा, मन में है मुस्कान।

सब से कहते फिरत हैं, लो मन से पाप हटाए।
खुद के अंदर पाप घड़ा, तनिक ना सरका पाए।

पाप और इंसान का, होता नहीं विछोह।
भँवरा करता है जैसे, पुष्प से भारी मोह।

जो करता सेवा उसको, मिलता जीवन दान।
ठूँठ बीच पीपल उगा, देता फिर से प्राण।

तुम हो व्यर्थ भिगोते क्यों, आँसू से ये तन।
उस पानी से तुम सींचो, मन का खुद उपवन।

होत नहीं जग में जिसका, उचित यहाँ उपयोग।
धरती मानव महल सब, समय का बनते भोग।

दोहे को जीवन मिला, खुश हैं तुलसीदास।
दोमुंही तलवार से, होने लगे प्रयास।

लेखक के बारे में

पवन भदौरिया ने सॉफ्टवेयर जगत को 20 से अधिक वर्षों का समय दिया है, और वो वर्तमान में माइक्रोसॉफ्ट बेंगलुरू में कार्यरत हैं। लेखन में उनकी यात्रा 90 के दशक के दौरान अपने स्कूल के दिनों में शुरू हुई, एक जुनून जिसे उन्होंने अपने पेशेवर करियर के साथ निरंतर पोषित किया है। यह पुस्तक कहानी कहने के प्रति उनकी स्थायी प्रतिबद्धता की

परिणति के रूप में खड़ी है, जो वर्षों के संघर्षों, आँसू, दिल के दर्द और सफलताओं के माध्यम से बुनी गई एक कृति है। पवन का अनूठा दृष्टिकोण और अनुभव उनके काम में एक प्रामाणिक आवाज लाते हैं, जो पाठकों को साहस के साथ अपनी यात्रा को अपनाने के लिए प्रेरित करते हैं।

पवन आशा करते हैं कि कविताओं, ग़ज़लों और दोहों का यह संग्रह आपके साथ गहराई से प्रतिध्वनित होगा। वह चाहते हैं कि यह पुस्तक आपकी यादों को फिर से जागृत करे, भावनाओं और प्रतिबिंबों को फिर से उजागर करे| इस पुस्तक का हर शब्द आपको अपनी कहानी का एक टुकड़ा दिखाए, और यह आपको अपने अतीत को गले लगाने, अपने वर्तमान को संजोने और नई आशा और जुनून के साथ भविष्य की ओर देखने के लिए प्रेरित, यही अपेक्षा है|